Unter deinem Segen

Unter deinem Segen

Gebete und
Segenswünsche im Kirchenjahr
und für besondere Anlässe

HERDER
FREIBURG · BASEL · WIEN

Die Bibeltexte folgen der Ausgabe:

Die Bibel. Die Heilige Schrift des Alten und Neuen Bundes. Vollständige deutsche Ausgabe
© Verlag Herder, Freiburg im Breisgau 2005

DIE BIBEL

In wenigen Fällen ist es uns trotz großer Mühen nicht gelungen, alle Inhaber von Urheberrechten und Leistungsschutzrechten zu ermitteln. Da berechtigte Ansprüche selbstverständlich abgegolten werden, ist der Verlag für Hinweise dankbar.

FSC
www.fsc.org
MIX
Papier aus verantwortungsvollen Quellen
FSC® C083411

www.herder.de

Umschlagkonzeption: excogito, Freiburg im Breisgau
Umschlagmotiv : © Shaiith, Thinkstock.com
Satz: post scriptum, Emmendingen / Hüfingen
Herstellung: CPI books GmbH, Leck

Printed in Germany

ISBN 978-3-451-34888-4

Inhalt

I.

Jede Woche, jeden Tag

Seht, ich bin bei euch alle Tage
bis ans Ende der Welt!

Mt 28,20

1. Sonntag

Dies ist der Tag, den uns bereitet der Herr;
lasst uns frohlocken und seiner uns freuen!

O Herr, hilf doch!
O Herr, gib doch Gelingen!

Gesegnet, der kommt im Namen des Herrn!
Vom Hause Gottes segnen wir euch.
Der Herr ist Gott, uns leuchtet sein Licht.

Ps 118,24–27a

Du sollst dich selbst unterbrechen
zwischen arbeiten und konsumieren
soll stille sein und freude
zwischen aufräumen und vorbereiten
sollst du es in dir singen hören
gottes altes lied von den sechs tagen
und dem einen der anders ist
Zwischen wegschaffen und vorplanen
sollst du dich erinnern
an diesen ersten morgen
deinen und aller anfang
als die sonne aufging
ohne zweck
und du nicht berechnet wurdest
in der zeit die niemandem gehört
außer dem ewigen

Dorothee Sölle

Sabbat III

Heute ist
die Haut der Erde
zart

das Messer schläft
das Feuer schläft

Am Scheitel der Mutter
der Friedensengel
bewacht das Haus

Weißbrot und Wein
Gast
unser König

Wir singen
den siebenten Tag
wir rühmen
die Ruh

Rose Ausländer

Segne, mein Gott,
diesen Tag,
dass sich meine Seele
erfrischen kann
und mein Herz fröhlich wird.
Segne alle guten Gedanken,
die mich bewegen,
und alle Träume,
die mir aus der Tiefe
aufsteigen,
damit sie mir
durch ihre Farbigkeit helfen,
auch im grauen Alltag
innerlich gelöst
und bei mir selbst
zu sein.

Christa Spilling-Nöker

2. Alltag

Ich will dich segnen
und deinen Namen groß machen!
Du sollst ein Segen sein!

Gen 12,2

Von überall her
wird Segen für mich kommen.
Von dem Inneren des Hauses dort oben
wird Segen für mich kommen.
Von dem herniederströmenden Regen
wird Segen für mich kommen.
Von dort,
wo der Blitz zuckt,
wird Segen für mich kommen.
Von den höchsten Bergspitzen,
die von der Sonne zuerst getroffen werden,
wird Segen für mich kommen.
Von dort,
wo die Morgendämmerung sich im Osten erhebt,
wird Segen für mich kommen.
Von dort,
wo die Abenddämmerung sich erhebt im Westen,
wird Segen für mich kommen.
Von dort,
wo die Dunkelheit emporsteigt im Norden,
wird Segen für mich kommen.
Von überall her,
wird Segen für mich kommen.

Aus einem Segensgebet der Navajo

Den tiefen Frieden im Rauschen der Wellen,
den wünsche ich dir.

Den tiefen Frieden im schmeichelnden Wind,
den wünsche ich dir.

Den tiefen Frieden über dem stillen Land,
den wünsche ich dir.

Den tiefen Frieden unter den leuchtenden Sternen,
den wünsche ich dir.

Den tiefen Frieden vom Sohne des Friedens,
den wünsche ich dir.

Aus Irland

Das Auge des großen Gottes,
das Auge des Königs der Herrlichkeit,
das Auge des Königs der Heerscharen,
das Auge des Königs des Lebens
blicke segensvoll auf uns herab
zu jeder Stunde und zu allen Zeiten.
Blicke segensvoll,
mild und großmütig auf uns herab.
Ruhm dir,
du glorreiche Sonne.
Ruhm dir, du Sonne,
Antlitz des Gottes des Lebens.

Aus Irland

Immer noch gibt es Augenblicke,
da spüren wir in uns den Anhauch
von Ruhe und Gelassenheit.
Vielleicht können wir dann die Leiter
sehen aus Jakobs Traum
mit den Engeln,
die daran hoch- und niedersteigen.
Hernieder zu uns
in die Tiefe unserer steinigen Wege,
sich herabneigend
und den Segen Gottes zu uns tragend.
Vielleicht können wir dann auf die
unterste Sprosse der Leiter treten,
die Unruhe loslassen, die uns umgibt.
Segen empfangen und Segen weitertragen
an Menschen in unserer Nähe.

Barbara Cratzius

Gesegnet bist du vor all deinem Tun
lass dir das Gute zusprechen
im Genießen des Lebens
der Zärtlichkeit
des Mitgefühls
des Staunens
der Sensibilität
Genieße die alltäglichen Wunder
so wirst auch du zum Segen für viele.

Pierre Stutz

Inmitten
engagierten Betens
dich berühren lassen
vom Engel der Leichtigkeit
der uns auch in Kindern entgegenkommt

Inmitten
uralter Traditionen
neue Worte finden für das Unsagbare
Leer-Räume entdecken
die zum Innehalten einladen

Inmitten
vieler ungelöster Fragen
Hunger und Durst nach Gerechtigkeit wachhalten
in der kraftvollen Gewissheit:
Mit Gott springe ich über Mauern

Halte inne
Sei gesegnet
Jeden Tag neu

Pierre Stutz

Möge der ewige Vater persönlich dich großmütig umarmen,
dich in seine liebevollen Arme nehmen.
Möge Gott dich beschützen bei allem, was du tust.
Möge Christus dich gesund erhalten
und mögest du in den Heiligen Geist eintauchen
bei jedem deiner Schritte.

Aus Irland

Für dich selbst

Der barmherzige und gute Gott segne dich.
Er umhülle dich
mit seiner liebenden und heilenden Gegenwart.
Er sei mit dir,
wenn du aufstehst und dich niederlegst.
Er sei bei dir,
wenn du aus dem Haus gehst und
wenn du wieder zurückkehrst.
Er sei mit dir,
wenn du arbeitest.

Er lasse dein Werk gelingen.
Er sei mit dir
in jeder Begegnung und
öffne dir die Augen für das Geheimnis,
das dir in jedem menschlichen Antlitz aufleuchtet.
Er behüte dich
auf all deinen Wegen.
Er stütze dich,
wenn du schwach wirst.
Er tröste dich,
wenn du dich einsam fühlst.
Er richte dich auf,
wenn du gefallen bist.
Er erfülle dich
mit seiner Liebe, mit seiner Güte und Milde,
und er schenke dir inneren Frieden.

Das gewähre dir der gute Gott,
der Vater, der Sohn und der Heilige Geist.
Amen.

Anselm Grün

3. Tagesbeginn

Lass deine Huld mich bald erfahren,
denn ich vertraue auf dich.

Tue mir kund, welchen Weg ich soll schreiten,
ich erhebe zu dir meine Seele.

Ps 143,8

Ohne Vorbehalt und ohne Sorgen
leg ich meinen Tag in Deine Hand.
Sei mein Heute,
sei mein gläubig Morgen,
sei mein Gestern, das ich überwand.
Frag mich nicht
nach meinen Sehnsuchtswegen,
bin in Deinem Mosaik ein Stein.
Wirst mich an die rechte Stelle legen,
Deinen Händen bette ich mich ein.

Edith Stein

Jesus Christus,
lass uns auf deinen Ruf hören,
jeden Tag als ein Heute Gottes zu leben.

Frère Roger

In meinem Rücken ist Segen bis zu den Bergen.
Vor mir ist Segen bis hin zu den Bergen,
unter mir liegt Segen auf der Erde,
über mir wölbt sich Segen bis zum Himmel.

So gehe ich, wenn der Morgen anbricht.
Hinter mir bleibt der Segen, wo immer ich gehe.
Vor mir wartet Segen auf mich, wo immer ich gehe.
So gehe ich. Wenn der Tag anbricht, gehe ich.

Segen der Navajo

Mit einem Lächeln

Möge es nichts geben,
das dich an den guten Vorsätzen
dieses neuen Tages hindert:
    Nicht der Regen, der gegen die Scheiben peitscht,
    noch der Sturm, der in den Bäumen heult,
    weder das Gezänk der Kinder,
    noch die dumpfe Trägheit der Kuh.
Mögest du dem Tag mit einem Lächeln begegnen.

Aus Irland

Sei gesegnet

Beim ersten Licht der Sonne
– sei gesegnet!

Wenn der lange Tag gegangen ist
– sei gesegnet!

In deinem Lächeln und in deinen Tränen
– sei gesegnet!

An jedem Tag deines Lebens
– sei gesegnet!

Aus Irland

Du hast mir diese Zeit geschenkt

Gott, segne mir den neuen Tag,
der mir noch nie gewährt wurde.
Er ist geschaffen,
um deine eigene Gegenwart zu bezeugen.
Du hast mir diese Zeit geschenkt, o Gott.

Segne mir meine Augen,
mögen meine Augen all das segnen, was du siehst.
Ich will meinen Nachbarn segnen,
möge mein Nachbar mich segnen.

Gott, gib mir ein reines Herz,
lass mich nicht aus dem Blickfeld
deines Auges verschwinden.

Segne meine Kinder, meine Frau (meinen Mann),
und segne meine Habe und mein Vieh.

Aus Irland

In guten und in bösen Tagen

In allem,
was heute geschieht,
ob gut oder böse,
schön oder ärgerlich,
richtig oder falsch,
wahr oder verlogen,
möge Gottes
Kraft und Segen
gegenwärtig sein.

Bei allem,
was ich heute
tue oder lasse,
beginne oder beende,
anpacke oder abgebe,
annehme oder aufgebe,
möge Gottes Hilfe
wirksam sein.

Durch alles,
was mich heute
erfreut oder betrübt,
ermutigt oder ängstigt,
erbaut oder beraubt,
stärkt oder ermüdet,
beflügelt oder lähmt,
möge Gottes Herrlichkeit
aufleuchten für mich.

Paul Weismantel

Am Morgen

Barmherziger und guter Gott, segne diesen Tag.
Du hast ihn mir geschenkt, damit ich ihn erlebe
als eine heilige Zeit, als eine Zeit,
in der du selbst immer bei mir bist.
Segne alles, was ich heute in die Hand nehme.
Lass meine Arbeit gelingen.
Segne die Gespräche, die ich führe.
Segne die Begegnungen, damit ich in jedem Menschen
dein Antlitz aufleuchten sehe.
Segne die Menschen, die mir am Herzen liegen.
Lass sie nicht allein auf ihrem Weg.
Begleite sie und sende einen heiligen Engel,
damit sie ihre Wege mitgehen und sie beschützen.
Segne diesen Tag, dass ich ihn
im Bewusstsein deiner heilenden und liebenden Nähe lebe.
Und segne mich heute, damit ich selbst
zu einer Quelle des Segens werden darf
für die Menschen, die mir heute begegnen.
Amen.

Anselm Grün

4. Tagesmitte

Aller Augen warten auf dich,
du gibst ihnen Speise zur rechten Zeit.
Deine Hand tust du auf,
du erfüllst mit Güte alles,
was lebt.

Ps 145,15–16

Der Tag ist seiner Höhe nah. Nun blick zum Höchsten auf,
der schützend auf dich niedersah in jedes Tages Lauf.
Wie laut dich auch der Tag umgibt, jetzt halte lauschend still,
weil er, der dich beschenkt und liebt, die Gabe segnen will.
Der Mittag kommt. So tritt zum Mahl; denk an den Tisch des Herrn.
Er weiß die Beter überall und kommt zu Gaste gern.
Er segnet dich in Dorf und Stadt, in Keller, Kammer, Feld.
Was dir der Herr gesegnet hat, bleibt fortan wohl bestellt.
Er segnet dir auch Korb und Krug und Truhe, Trog und Schrein.
Ihm kann es keinen Tag genug an Segensfülle sein.
Er segnet deiner Bäume Frucht, dein Kind, dein Land, dein Vieh.
Er segnet, was den Segen sucht. Die Gnade schlummert nie.
Er segnet, wenn du kommst und gehst; er segnet, was du planst.
Er weiß auch, dass du's nicht verstehst und oft nicht einmal ahnst.
Und dennoch bleibt er ohn Verdruss zum Segnen stets bereit,
gibt auch des Regens milden Fluss, wenn Regen an der Zeit.
Sein guter Schatz ist aufgetan, des Himmels ewges Reich.
Zu segnen hebt er täglich an und bleibt sich immer gleich.
Wer sich nach seinem Namen nennt, hat er zuvor erkannt.
Er segnet, welche Schuld auch trennt, die Werke deiner Hand.
Die Hände, die zum Beten ruhn, die macht er stark zur Tat.
Und was der Beter Hände tun, geschieht nach seinem Rat.
Der Tag ist seiner Höhe nah. Nun stärke Seel und Leib,
dass, was an Segen er ersah, dir hier und dort verbleib.

Jochen Klepper

Gelobt seist Du,
Herr, unser Gott, Weltenherrscher.
Gott, unser Vater, unser König,
unser Erhabener,
unser Schöpfer, Erlöser und Bildner,
unser Heiliger, der Heilige Jakobs,
unser Hirt, der Hirt Israels,
der gute König,
der allen gut und gütig ist.
Täglich hat Er Güte erwiesen,
erweist Er Güte
und wird Güte erweisen.
Er hat uns Wohltaten erwiesen.
Er erweist uns Wohltaten,
und Er wird uns Wohltaten erweisen
in Ewigkeit –
in Gunst und Gnade,
in Barmherzigkeit und zur Befreiung
und Errettung und Gelingen,
Segen und Heil,
Trost und Ernährung,
Erhaltung und Erbarmen
und Leben und Frieden und allem Gut.
Und von allem Gut
wird Er uns nichts mangeln lassen.

Jüdischer Tischsegen

Bei Tisch

Guter Gott, wir danken dir für dieses Mahl,
das du uns geschenkt hast.
Du hast den Tisch reich gedeckt mit guten Gaben,
in denen wir deine Güte und Freundlichkeit erfahren dürfen.
Lass uns deine Gaben in Freude genießen.
Segne unsere Tischgemeinschaft,
damit wir dich in unserer Mitte erfahren
als den Gott der Liebe.
Segne unsere Gespräche,
dass sie uns einander näher bringen
und uns einander verstehen lassen.
Stärke uns durch dieses Mahl
und schenke uns einst Anteil an deinem ewigen Mahl,
an dem wir für immer dich genießen dürfen
als die Fülle des Lebens.
Darum bitten wir durch Christus, unsern Herrn.
Amen.

Anselm Grün

5. Tagesende

Bleibe bei uns;
denn es will Abend werden
und der Tag hat sich schon geneigt.

Lk 24,29

Wohin soll ich flüchten vor deinem Geist,
wohin vor deinem Antlitz entfliehen?

Stiege ich zum Himmel empor, so bist du zugegen;
wollte ich in der Unterwelt lagern, so bist du auch dort.

Wollte ich Flügel mir leihen vom Morgenrot
und ließe mich nieder am fernsten Gestade,

auch dort noch wird deine Hand mich geleiten
und halten mich deine Rechte.

Und sagte ich auch: Es soll mich Finsternis bergen
und Nacht mich umgeben, wie sonst das Licht,

so ist doch Finsternis selbst nicht dunkel für dich.
Die Nacht ist dir hell wie der Tag,
das Dunkel ist vor dir wie das Licht.

Ps 139,7–12

Mein Psalm zum Segen

Herr
Auch heute habe ich Neues gefunden
Um dich zu loben
Wenn auch das Neue immer von dir kommt
Und nicht von uns
Wie alles von dir erfunden ist
Was uns gut tut
Und überall sind deine Augen
Um uns zu prüfen
Ob wir Rechtes tun und ohne Arg sind
Ob wir uns dem Himmel nähern und deine Kinder werden
Ich weiß schon dass du uns durchschaust
Und uns von allen Seiten umschließt
Und deine Hand auf uns legst
Du warst dabei als unsere Glieder noch geformt wurden
Und wir im Dunkeln lebten
Du bist dabei wenn uns heute Leid überkommt
Und Trauer wenn wir verraten werden
Du wirst bei uns sein wenn wir die Tage zählen
Und hast uns doch im Leben so viel Schönheit gezeigt
So viel Ermutigendes
Hast uns Träume gemacht
Wünsche erfüllt und Glück geschenkt
Durch deine Nähe
Wir aber sind nichts ohne dich
Kein Herz kein Himmel keine Erde sind ohne dich denkbar
Wir glauben an dich loben und lieben dich
Wir kommen von dir und gehen zu dir
Der Himmel ist in uns durch deine Gnade
Halleluja!

nach Psalm 139 von Hanns Dieter Hüsch

Abend

Der Abend wechselt langsam die Gewänder,
die ihm ein Rand von alten Bäumen hält;
du schaust: und von dir scheiden sich die Länder,
ein himmelfahrendes und eins, das fällt;

und lassen dich, zu keinem ganz gehörend,
nicht ganz so dunkel wie das Haus, das schweigt,
nicht ganz so sicher Ewiges beschwörend
wie das, was Stern wird jede Nacht und steigt –

und lassen dir (unsäglich zu entwirrn)
dein Leben bang und riesenhaft und reifend,
so dass es, bald begrenzt und bald begreifend,
abwechselnd Stein in dir wird und Gestirn.

Rainer Maria Rilke

Gott sei mit dir,
wenn es Abend wird,
dass du dankbar zurückschauen kannst
auf die Last und die Lust
des vergangenen Tages
und gewiss sein kannst;
dass nichts vergeblich war.

Christa Spilling-Nöker

ruach
göttlicher atem
sanfter wind
sturm

segne uns
in diese nacht hinein
als leises säuseln

das unsere fragen
zur ruhe bringt

unsere wunden
kühlt

unsere starrheit
löst

segne uns
da wir
einander
segnen

amen.

Katja Süß

Am Abend

Herr, segne diese Nacht,
dass sie für mich eine heilige Zeit wird,
eine Zeit, in der du selbst zu mir sprichst im Traum.

Segne meinen Schlaf, damit ich mich erholen
und morgen mit neuer Kraft wieder aufstehen kann,
um das zu vollbringen, wozu du mich berufen hast.

Segne mich in dieser Nacht,
damit ich in deinen guten und zärtlichen Händen
geborgen und getragen bin.

Bewahre mich vor Krankheit und Tod.
Sende deine heiligen Engel,
damit sie mich in Frieden behüten.

Und segne auch alle,
die heute Nacht weinen,
weil sie traurig sind.

Segne die, die nicht schlafen können.
Und zeige ihnen,
dass du deine gute Hand über sie hältst.

So segne mich und alle, die mir lieb sind,
der gütige und barmherzige Gott,
der Vater, der Sohn und der Heilige Geist.
Amen.

Anselm Grün

Deinen Frieden, Herr, gib uns vom Himmel,
und dein Friede bleibe in unseren Herzen.
Lass uns schlafen in Frieden und wachen in dir,
auf dass wir vor keinem Grauen der Nacht uns fürchten.

Alkuin

Erhöre meine Bitte
Herr
schenk mir
den Schlaf
und einen Wundertraum

Rose Ausländer

Lobgesang Simeons

Nun entlässt du deinen Diener, Herr,
nach deinem Wort in Frieden;

denn meine Augen haben dein Heil gesehen,
das du vor allen Völkern bereitet hast,

ein Licht zur Offenbarung für die Heiden
und als Herrlichkeit für dein Volk Israel.

Lk 2,29–32

II.

Im Lauf des Jahres

Künftig, solange die Erde besteht,
soll nicht mehr aufhören
Saat und Ernte,
Kälte und Hitze,
Sommer und Winter,
Tag und Nacht.

Gen 8,22

1. Advent und Weihnachten

Herrlichkeit in den Höhen für Gott
und auf der Erde Friede
den Menschen seines Wohlgefallens!

Lk 2,14

Freut euch im Herrn allezeit!
Noch einmal will ich es sagen: Freut euch!
Euer gütiges Wesen sollen alle Menschen erfahren.
Der Herr ist nahe.

Um nichts macht euch Sorgen,
bringt vielmehr in jeder Lage eure Anliegen
durch Bitten und Flehen mit Dank vor Gott.

Dann wird der Friede Gottes, der alles Begreifen übersteigt,
eure Herzen und eure Gedanken in Christus Jesus bewahren.

Phil 4,4–7

Adventlicher Segen

Der Herr segne uns
und schenke uns den langen Atem in einer Zeit,
da alle rennen, alle drängen.
Er lasse uns die Ruhe finden,
die wir brauchen, ihm zu begegnen.
Er lasse den Tau der Gerechten auf uns herabkommen,
damit unsere Hoffnungen auf Gott wachsen.
Er schenke uns das Vertrauen,
dass Er wirklich kommt und wir ihn sehen, so wie Er ist:
als Gott, der uns liebt, wie kein Mensch es vermag,
der an uns denkt seit dem Tag, da wir geboren.

Roland Breitenbach

Wo bleibst du, Trost der ganzen Welt?
Herberg ist dir schon längst bestellt.
Verlangend sieht ein jedes dich
Und öffnet deinem Segen sich.

Novalis

Weihnachtssegen

In dieser Nacht
der Gottesgeburt
der Ankunft Gottes bei den Menschen
des heiligen Zaubers
und der Verwandlung
seid gesegnet
und geht gesegnet
in euren Tag

In dieser Nacht
der Freude der Engel
des Jubels der Menschen
der Einkehr
und Auskehr bei Gott
seid gesegnet
und geht gesegnet
in euer Leben

Christiane Bundschuh-Schramm

Es segne dich der barmherzige
und liebende Gott,
der in Jesus Christus
im Stall von Bethlehem
selbst Mensch geworden ist.

Er erfülle dein Herz
mit seiner heilig-heilenden Kraft
damit deine seelischen Wunden heilen
und du an deinem Menschsein
begeistert Freude finden kannst.

Er möge dein Herz dazu bewegen,
immer wieder neu aufzubrechen
und dich unermüdlich einzusetzen
für ein menschenwürdiges Leben
überall auf der Welt.

Christa Spilling-Nöker

In deinem Herzen Wohnung finden

Möge der Engel,
der die Botschaft vom Frieden
in die Welt brachte,
an deinem Haus nicht vorübergehen.
Möge das Kind,
das seine Göttlichkeit hinter der Armut verbarg,
in deinem Herzen eine Wohnung finden.

Möge deine Zeit behütet sein,
dein Schritt vom Segen des Himmels
begleitet werden.
Und der Frieden,
den das himmlische Kind in die Welt brachte,
sei auf allen Wegen dein Weggefährte.

Aus Irland

Segen sei mit dir

Als teure Verheißung,
wie eine große Kraft
soll Gottes Segen
vor und über dir sein.

Als treuer Beistand,
wie ein Schutzmantel
soll Gottes Segen
dich umhüllen.

Als wahrer Trost,
wie eine tiefe Quelle
soll Gottes Segen
in und mit dir sein.

Als frischer Mut,
wie ein echter Schatz
soll Gottes Segen
dich bestärken.

Als gutes Wort,
wie eine Verheißung
soll Gottes Segen
dir sich mitteilen.

Als schönes Geschenk,
wie ein kostbares Gut
soll Gottes Segen
dir sich offenbaren.

Als bleibende Zusage,
wie ein heller Stern
soll Gottes Segen
dich erleuchten.

Paul Weismantel

Gold, Weihrauch und Myrrhe

Gold –
das ewige, unwandelbare Sein –
der Vater
Myrrhe –
die zu Leiden und Tod bestimmte Menschennatur
des Sohnes
Weihrauch –
der zu uns herniederwehende,
uns durchdringende,
von uns aufsteigende
Geist

Edith Stein

2. Jahreswechsel

Der Herr segne dich
und behüte dich!

Der Herr lasse sein Angesicht über dich leuchten
und sei dir gnädig!

Der Herr erhebe sein Angesicht hin zu dir
und schaffe dir Heil!

Aaronitischer Segen (Num 6,24–26)

Von einem Jahr zum andern

Nun lass uns gehen und treten
Mit Singen und mit Beten
Zum Herrn, der unserm Leben
Bis hierher Kraft gegeben.

Wir gehen dahin und wandern
Von einem Jahr zum andern,
Wir leben und gedeihen
Vom alten zu dem neuen.

Durch so viel Angst und Plagen,
Durch Zittern und durch Zagen
Durch Krieg und große Schrecken,
Die alle Welt bedecken.

Schließ zu die Jammerpforten
Und lass an allen Orten
Auf so viel Blutvergießen
Die Friedensströme fließen.

Sprich deinen milden Segen
Zu allen unsern Wegen,
Lass Großen und auch Kleinen
Die Gnadensonne scheinen.

Paul Gerhardt

Geschenkte Zeit

Wenn ich auf das vergangene Jahr zurückschaue,
fällt mir manches ein, was nicht so gut war.
Ich habe viele Gelegenheiten der Begegnung
und eines Neubeginns in der Beziehung
zu anderen Menschen versäumt.
Ich vertraue Gottes Vergebung
und will alles begraben, was mich belastet.
Ich bitte Gott um Segen für dieses Neue Jahr,
dass es mich in neue Räume führt.

Anselm Grün

Gesegnet im Neuen Jahr

Unsere Sehnsucht weitertragen
in all unsere Begegnungen
die erzählen vom Geheimnis der Menschwerdung

Unsere Sehnsucht weitertragen
in all unsere Aktivitäten
die die Menschenfreundlichkeit Gottes
aufscheinen lassen

Unsere Sehnsucht weitertragen
und Raum schaffen
für die königliche Würde eines jeden Menschen

Gesegnet seist du
im Weitertragen der Sehnsucht
die dich jeden Tag
den Geschenkcharakter des Lebens erfahren lässt

Gesegnet seist du
in diesem Neuen Jahr
im Sorgetragen zu deinem Leben
um vermehrt auch für andere aufstehen zu können
darin erfährst du Gottes Wegbegleitung
jeden Augenblick deines Daseins.

Pierre Stutz

3. Österliche Bußzeit und Karwoche

Zeige uns dein Erbarmen, o Herr,
gewähre uns gnädig dein Heil!

Begegnen werden sich Erbarmen und Treue,
Gerechtigkeit und Friede werden sich küssen.

Aus der Erde sprießt die Treue,
Gerechtigkeit blickt hernieder vom Himmel.

Ja, der Herr verleiht seinen Segen!

Ps 85,8.11–13a

Der Herr ist barmherzig und gnädig,
zögernd im Zorn und reich an Erbarmen.

Er hadert nicht immer,
nicht ewig währt sein Zürnen.

Nicht handelt er an uns nach unseren Sünden,
und nach den Missetaten vergilt er uns nicht.

Denn so hoch der Himmel über der Erde,
so groß ist seine Barmherzigkeit gegen die Frommen.

So weit der Aufgang vom Niedergang,
so weit entfernt er von uns die Schuld.

Gleich wie ein Vater sich erbarmt der Kinder,
so erbarmt sich der Herr aller, die ihn fürchten.

Ps 103,8.11–13

Segen wirke

Segen befreie
von kleinlicher
und peinlicher,
ängstlicher
und falscher Sorge.

Segen richte auf
aus allen Niederlagen,
aus Angst und Bange,
aus Scheitern und Versagen,
aus Verzagen und Kleinmut.

Segen erleuchte
die Augen des Herzens,
die Gänge der Gedanken,
das Vermögen der Sinne,
den ganzen Menschen.

Segen schaffe Freiraum
für die Flügel der Seele,
für die Weite des Geistes,
für die Tiefe der Weisheit,
für das Wirken des Schöpfers.

Segen bestärke
den guten Willen,
das erneute Bemühen,
den gewagten Versuch,
die kleinen Schritte.

Segen erneuere
die schleichende Müdigkeit,
die gähnende Leere,
die lähmende Schwere.

Segen verwandle
den nörgelnden Unmut,
den bitteren Groll,
den dummen Stolz.

Segen beflügle den guten Entschluss,
den festen Willen,
den besten Vorsatz,
jeglichen neuen Mut.

Paul Weismantel

Halt mich im Leben

Der du »Licht« gerufen hast,
und das Licht war geboren;
der sah, dass es gut war,
das Land des Morgens,
alle Gewölbe aus Feuer und Meer.
Der du »Mensch« gerufen hast,
und der Mensch war geboren.
Der du mich gesehen hast,
trostlos einsam,
der du mein Leben,
so bis hierher geführt hast,
dass ich noch lebe.

Vollende und segne mich,
lass mich mehr und mehr Mensch werden
und ihm gleichen,
der dein Bild ist, dein Sohn,
Jesus von Nazaret,
der neue Mensch;
der mir vorgelebt hat,
was Liebe tut,
was Leben ist;
der ein Mensch für andere
geworden ist
und der sich mit ganzem Herzen
ausgegeben hat
an diese Welt.

O der du größer bist
als jeder Tod,
der du den Menschensohn
hast auferweckt:
Willst du mich je verloren gehen lassen?

Lass mich nicht verloren gehen,
den Menschen, der dich liebt.
Halt mich im Leben,
lass den Tod, der alles trennt
und leer und dunkel macht,
nicht kommen über mich.
Denn du bist Liebe,
tiefer als das Meer,
zuckend wie Feuer,
stärker als der Tod.

Huub Oosterhuis

Bußgottesdienst, Zweiter Fastensonntag, Verklärung des Herrn (06.08.)

Leucht uns entgegen
mit deinem Licht,
Gott der Klarheit.
Befreie uns
von der düsteren Sicht.
Belebe unsere Welt
mit deinen Farben.

Walter Jens

In die Arme nehmen

Nehmet einander an
Nehmet euch an den Händen
Jung und alt
Nehmet euch in den Arm
Vergebt euch versöhnt euch
Seid heiter
Seid erlöst

Nehmet einander an.

Hanns Dieter Hüsch

Wir brauchen nicht so fortzuleben,
wie wir gestern gelebt haben.
Macht euch nur von dieser Anschauung los,
und tausend Möglichkeiten
laden uns zu neuem Leben ein.

Christian Morgenstern

Schuld-Vergebung

Unser barmherziger, friedenstiftender Gott,
lass uns sehen und spüren:

einen Menschen, der offen ist
für Verstehen und Vergebung,
wenn wir uns schuldig fühlen –
und nicht zum Feind wird in der Nähe …

einen Blick, der uns versteht und bejaht –
keine Anklage …

einen Ausweg, den wir gehen können –
keine Sackgasse …

eine Hand, die uns tröstet und heilt –
keinen Schlag ins Gesicht …

ein Ohr, das uns zuhört –
kein Redeverbot …

ein Herz, das uns freispricht –
kein Lebenslänglich …

Das gewähre uns Gott,
der dem Verlorenen nachgeht,
dem Einsamen nahe ist
und den Bedrückten entlastet:
der Vater, der Sohn und der Heilige Geist.
Amen.

Herbert Jung

Möchte wahr sein, was graviert steht

Möchte wahr sein, was graviert steht,
dass da einer ist, der hört.
Mögest du es sein, der hört, weiß,
sieht, hinabsteigt zu befreien.

Der uns losmacht aus den Stricken
dieser Nacht, der Hand der Herrscher,
uns durchs Meer treibt, in die Wüste,
an den Ort von Licht und Wasser.

Möge wahr sein, dass bis heute
deine Liebe noch in Kraft ist,
dass du uns auch noch im Tod kennst,
auch noch dann wär das doch möglich.

Sei wie einst ein Gott-Befreier:
einen letzten Krieg, den Giftkelch,
lass an uns vorübergehen.
Send den Engel, den Messias.

Der ihn aus den Händen aller
Herrscher in den Abgrund schlägt,
uns herauswinkt aus den Kellern
und uns zuruft: Frieden, nun!

Huub Oosterhuis

Am Karsamstage

Tiefes, ödes Schweigen,
Die ganze Erd' wie tot!
Die Lerchen ohne Lieder steigen,
Die Sonne ohne Morgenrot.
Auf die Welt sich legt
Der Himmel matt und schwer,
Starr und unbewegt
Wie ein gefrornes Meer.
O Herr, erhalt' uns!

Herr, ich kann nicht sprechen
Vor deinem Angesicht!
Lass die ganze Schöpfung brechen,
Diesen Tag erträgt sie nicht!
Ach, was naht so schwer?
Ist es die ew'ge Nacht?
Ist's ein Sonnenmeer
In tausend Strahlen Pracht?
O Herr, erhalt' uns!

Annette von Droste-Hülshoff

4. Osterzeit und Pfingsten

Verschlungen ist der Tod in den Sieg.
Wo ist, Tod, dein Sieg?
Wo ist, Tod, dein Stachel?
Gott sei Dank, der uns den Sieg verleiht
durch unseren Herrn Jesus Christus.
Also, meine lieben Schwestern und Brüder,
seid fest und unerschütterlich;
seid allezeit voll Eifer im Werk des Herrn;
wisst ihr doch, dass im Herrn eure Mühe
nicht vergeblich ist.

1 Kor 15,54.57–58

Dies ist die Gnade, die du bei Gott gefunden hast:
Friede zwischen Gott und den Menschen,
Vernichtung des Todes,
Wiederherstellung des Lebens.

Edith Stein

Osterzeit, Weißer Sonntag, Verklärung des Herrn (06.08.), Vertrauen

Jesus, unsere Zuversicht,
seit deiner Auferstehung erhellst du uns
durch ein inneres Licht.
Deshalb können wir zu dir sagen:
Ohne dich gesehen zu haben, lieben wir dich;
ohne dich jetzt zu sehen, glauben wir,
und du willst über uns
eine unsagbare Freude ausgießen,
die uns schon verklärt.

Frère Roger

Die Himmelsdinge lieben

Die Regensterne sind noch nicht erloschen
Ich bade in dem zarten Tau

Draußen bin ich zu Hause
deute die Wolken und
trage den pochenden Regenbogen
im Haar

Im erhabenen Licht
lieben die Himmelsdinge meine Erde

Rose Ausländer

Der Gott der Hoffnung aber erfülle euch mit aller Freude
und mit allem Frieden im Glauben,
auf dass ihr von Hoffnung in der Kraft des Heiligen Geistes
überströmt.

Röm 15,13

An den Heiligen Geist

Ich schmacht, o Lebenslust! Erquicke mein Gemüt!
Ich brenn, o süßer Tau! Befeuchte meine Glieder!
Ich zag, o höchste Freud! Komm du mit Trost hernieder!
Ich gleite, treue Stärk! Befeste meinen Schritt!
Man hasst mich; bleib mein Freund! O unverfälschte Güt!
Ich schlummer; lichte Flamm! Strahl auf mein Augenlider!
Bleib du mein Gast und Wirt! Mir ist die Welt zuwider.
Ich seufz, erhöre mich! Und gib mir, was ich bitt!
Ich irre, führe mich, Verstand! Auf rechte Wege!
Ich zweifel; Wahrheit! Steh mit deiner Weisheit bei!
Ich diene; Freiheit! Reiß die harten Band entzwei!
Ich zitter; Schutz! Halt auf des Himmels Donnerschläge!
Ich schwind; o Ewigkeit! Erhalte für und für!
O Leben aller Ding! Ich sterbe, leb in mir!

Andreas Gryphius

Spiritus Jesu Christe, Spiritus caritatis, confirmet cor tuum.

Der Geist Jesu Christi, der Geist der Liebe, stärke dich im Herzen.

Taizé

Heilige Dreieinigkeit,
die du die ganze Welt zusammenhältst
und wunderbare Dinge vollbringst
durch die Kraft deines Wortes!

Segne den Osten und den Westen,
den Norden und den Süden.
Segne den Himmel und die Erde,
das Meer, die Flüsse,
die Quellen des Wassers.
Segne die Berge und Hügel,
die Bäume und Pflanzen,
die Früchte der Erde.
Segne, die über
und unter der Erde sind.

Aus Äthiopien

Auferstandener Jesus,
manchmal rufen wir im Innersten zu dir,
wie der Glaubende im Evangelium:
Ich bin nicht würdig, dass du bei mir eintrittst,
aber sprich nur ein Wort, und ich bin geheilt.
Auf der Talsohle unseres Lebens
ist dein Evangelium in uns Licht,
ist deine Eucharistie in uns Gegenwart.

Frère Roger

Herz Jesu,
Zelt Gottes unter den Menschen,
nimm uns auf
für Zeit und Ewigkeit!

Edith Stein

Gott aller Barmherzigkeit,
du versenkst unsere Vergangenheit in Christi Herz
und du nimmst dich unserer Zukunft an.

Frère Roger

5. Sommer

Den Wettersegen
beten, um sich
bewusst werden
zu lassen, dass
alles Wachsen
und Gedeihen
nicht unser menschliches
Machwerk ist, sondern
allein von Gott kommt.

Den Wettersegen
sprechen, um das
Bitten nicht zu verlernen
für alles Notwendige, das
wir brauchen wie die Luft
und unser täglich Brot.

Den Wettersegen
pflegen, um – im besten
Sinn des Wortes – einfach,
demütig und bescheiden
zu leben im Umgang mit
den Dingen des Alltags.

Den Wettersegen
achten und ehren,
um selbst achtsam
zu bleiben für die
unzähligen Spuren
Gottes im Garten
seiner Schöpfung.

Den Wettersegen
andächtig empfangen,
um Gottes verborgene
Gegenwart zu erahnen,
der nicht im Sturm,
nicht im Beben,
sondern im leisen
sanften Säuseln
einhergeht.

Paul Weismantel

Segen für Allewelt

Im übrigen meine ich
Dass Gott unser Herr
Uns einen großen Sommer schenke
Den Familien einen Korb voll Ruhe
Und viele hoffnungsvolle Blicke auf Grün und Blau
Wiesen und Wasser und weiße Strände –
Leise Monate
Dass er das Geschrei aus der Welt nimmt
Und Stille verordnet
Dazu gehört dass er den Kriegern das Handwerk
Aus den Händen nimmt
Und denen die ohne Arbeit sind die Hoffnungslosigkeit
Und die Mächtigen nicht zu Mafiosi werden lässt
Alle können wir daran mittun und daran arbeiten
Dass das Leben langsamer verläuft
Dass die Welt alle Aufregung verliert
Und die Menschen sich länger ansehen können
Um sich zu sagen: Wir lieben euch!
Gott unser Herr möge diese Stille segnen
Möge diese Stille denen überall in die Ohren blasen
Die unsere Zeit noch schneller machen möchten
Und damit noch kürzer noch atemloser

Gott unser Herr wir bitten dich: Mach es!
Auf dass unser Herz wieder Luft schnappen kann
Unser Auge aufhört zu zappeln
Und unser Ohr wieder richtig hört
Und nicht alles vergisst
Denen die uns dies alles austreiben möchten

Möge Gott der Herr einen Blitz ins Gesäß jagen
Damit sie ihr unmenschliches Tun einsehen
Und die Menschen seines Wohlgefallens in Ruhe lassen
Im wahrhaftigsten Sinn dieses Wortes in Ruhe lassen
Und wir wollen unseren Herrgott abermals bitten
Dieses Ansinnen von uns überall zu segnen
Und weil es sein muss sofort und immerdar!
Danke und Amen.

Hanns Dieter Hüsch

Unterwegs zum Himmel

Euch segne Gott,
der Hunger nach Unsterblichkeit geschenkt.
Er lenke euren Blick zum Himmel,
dem Ort, wo Ewigkeit beginnt –
dort, wo versammelt
Maria – die große Frau
und all die vielen, die lang vor uns gelebt.

Dorthin seid ihr schon unterwegs,
dabei mög' Hoffnung euch begleiten,
ein Schutz vor jeder Art Verzweiflung.
Und Bilder male euch die Seele von jenem Ort,
den unsre Sprache Himmel nennt.

Von dort komm' Gutes euch
vom Vatergott,
vom Menschensohn
und Tröstergeist.
Amen.

Herbert Jung

6. Herbst

In deiner Gerechtigkeit erhörst du uns,

o Gott, unser Helfer.

Du Hoffnung aller Enden der Erde,
du Hoffnung der fernsten Gestade.

Aufgesucht hast du die Erde und hast sie getränkt,
du hast ihr verliehen die Fülle des Segens.

Ihre Furchen hast du getränkt,
ihre Schollen geebnet.

Du hast sie aufgetan durch den Regen
und hast gesegnet die sprossende Saat.

Du krönst das Jahr mit dem Kranz deiner Güte,
fruchtbare Fülle quillt, wo wandelt dein Fuß.

Es prangen die Auen der Steppe,
es gürten sich die Hügel mit Jauchzen.

Die Anger bekleiden sich mit Herden,
die Täler wogen von Korn,

und alle jauchzen dir zu und singen.

Ps 65,6.10–14

Gut bei Laune

Mögen die Heiligen,
deren Namen alle Tage des Jahres füllen,
immer so gut bei Laune sein,
dass sie uns vom Himmel aus gern
auf unserem Erdenweg begleiten.

Unsere Rufe mögen sie erfreuen,
damit sie sich unserer erinnern,
unsere Gebete sie anstacheln,
damit sie uns ihre Fürsprache angedeihen lassen
und bei dem, der über alle Welt herrscht,
ein gutes Wort für uns einlegen.

Aus Irland

Lebendiger Gott, wir preisen dich
für die unzähligen Frauen und Männer,
Jugendliche und Kinder,
die überall auf der Erde Wege suchen,
Zeugen des Friedens,
des Vertrauens und der Versöhnung zu sein.
Gib, dass wir in der Folge
der Heiligen Zeugen Christi aller Zeiten,
seit den Aposteln und der Jungfrau Maria bis heute,
Tag für Tag bereit finden,
dem Geheimnis des Glaubens Vertrauen zu schenken.

Frère Roger

Auferstandener Jesus,
du nimmst die Menschen,
die uns vorausgegangen sind,
in das Leben auf, das kein Ende kennt.
Sie schauen bereits das Unsichtbare;
und sie bleiben uns manchmal ganz nahe.
In leidvollen Stunden
liebst du uns nur noch mehr.
Und du tröstest, du linderst
durch deinen Heiligen Geist.

Frère Roger

Der Gott des Friedens heilige euch ganz und gar;
euren Geist, eure Seele und euren Leib
bewahre er unversehrt
für die Ankunft des Herrn Jesus Christus.

1 Thess 5,23

Gedenke deiner Kirche.
Erlöse sie von allem Übel.
Mach sie vollkommen in deiner Liebe
und führe sie zusammen
aus allen Enden der Welt in dein Reich,
das du ihr bereitet hast.
Dein ist die Macht und die Ehre in Ewigkeit.

Aus der Didache

III.

Lebenslagen

Es möge der Herr dich segnen vom Zion,
er, der geschaffen hat Himmel und Erde.

Ps 134,3

Möge der Segen über jeden kommen

Ihr ungezählten Grashalme,
ihr Sandkörner am Ufer der See,
ihr Tautropfen in der Morgensonne:

Mögen die Segenswünsche des Königs der Gnade
auf allen ruhen, die vorübergehen,
die einst waren, die jetzt sind
und demnächst sein werden.

Möge der Segen über jeden Kommen,
in dessen Gesicht ich sehe.

Aus Irland

Mögest du gesegnet sein

Mögest du gesegnet sein …
mit der Kraft des Himmels,
mit dem Licht der Sonne
mit den Strahlen des Mondes,
mit der Kraft des Feuers,
mit der Geschwindigkeit des Lichtes,
mit der Schnelligkeit des Windes
mit der Tiefe der See,
mit der Standhaftigkeit der Erde,
mit der Härte des Felsens.

Aus Irland

Mitnichten ist der Baum zuerst Same, dann Spross,
dann biegsamer Stamm, dann dürres Holz.
Man darf ihn nicht zerlegen,
wenn man ihn kennenlernen will.
Der Baum ist jene Macht,
die sich langsam dem Himmel vermählt.

So ist es mit dir, du kleiner Mensch.
Gott lässt dich geboren werden und aufwachsen,
er erfüllt dich nacheinander mit Wünschen und Klagen,
mit Freuden und Leiden, mit Zorn und Vergebung;
dann nimmt er dich heim zu sich.

Du bist indessen weder dieser Schüler noch dieser Gatte,
weder dieses Kind noch dieser Greis.
Du bist einer, der sich vollendet.

Und wenn du dich als wiegender Zweig zu entdecken weißt,
der fest mit dem Ölbaum verwachsen ist,
wirst du in deinen Bewegungen die Ewigkeit kosten.

Antoine de Saint-Exupéry

1. Anfänge

Wenn jemand in Christus ist,
so ist er eine neue Schöpfung.
Das Alte ist vergangen,
Neues ist geworden.

2 Kor 5,17

Freue dich, junger Mann, in deiner Jugend,
sei heiteren Herzens in deinen jungen Tagen!

Geh, wohin dein Herz dich zieht
und die Augen dich locken.

Vertreibe den Ärger aus deinem Sinn,
und halte das Üble dir vom Leib.

Koh 11,9.10

Sieben wünsche für eine konfirmandin
Anlässlich der befestigung ihres bäumchens im leben

Dass du trinkst von dem alten wasser der erde
ohne bitternis

Dass die vögel kommen dir was vorzupfeifen
und du antwortest in f dur oder a moll

Dass die sonne nicht sticht oder versteck spielt
sondern ordentlich tut was sie soll scheinen

Dass dich die weitausgreifenden eltern
nicht überwuchern und dein land nicht überdüngen

Dass du wächst mit den anderen bäumen
einzeln frei und als wald

Dass du wurzeln schlägst in der gerechtigkeit

Dass du dich streckst
bis zu deiner anderen heimat
dem himmel

Dorothee Sölle

Ermutigung, Gelassenheit, Erster Arbeitstag, Bewerbungsgespräch, Prüfung

Nichts soll dich ängstigen,
nichts dich erschrecken.
Alles geht vorüber.
Gott allein bleibt derselbe.
Alles erreicht der Geduldige,
und wer Gott hat,
der hat alles.
Gott allein genügt.

Teresa von Avila

Segen zum Abitur

gekämpft
gelernt
nicht alles zu ernst genommen
gewonnen

die Schule beendet
ein Riesenschritt ins Leben
die Jugendzeit abschließen
neu beginnen

zittern – sich freuen
sich ärgern – hoffen
eine Note bekommen
und trotzdem alles offen

Schritt für Schritt ins Leben gehen
nichts überstürzen
keine Panik
Hauptsache zu sich selber stehen

Gott war dabei
gestern und heute
Gott bleibt bei dir
nicht ohne dich
Gott segne dich

Christiane Bundschuh-Schramm

Gesegnet seist du
wenn du Traurigkeit spürst
und die Angst vor dem Loslassen
dich umzingelt

Gesegnet seist du
wenn du Leere empfindest
und es dir schwerfällt
sie auszuhalten

Gesegnet seist du
wenn du vertraust
dass im Loslassen Neues wachsen
und reifen kann

Gesegnet seist du:
Christus ist dir Wegbegleiter
in all deinen Erfahrungen

Pierre Stutz

Gott segne dieses Haus,
jeden Dachsturz, jeden Stein und jedes Stockwerk,
den Tisch, den wir teilen, ferner die Zimmer,
die Tür, die Fremde willkommen heißt,
die sich für die Armen ebenso öffnet
wie für Freunde und Verwandte.
Die Fenster, die das Sonnenlicht hereinlassen,
die Dachsparren hoch oben und die Wände ringsum.

Gott erhalte uns sicher und gesund
und schenke unseren Nachbarn Liebe und Frieden.
Und wenn unsere Zeit auf Erden endet,
möge Gott über seinen Schatten springen
und uns ins Königshaus des Himmels geleiten.

Aus Irland

Gott segne dieses Haus vom Dach bis zum Fundament,
er segne die Fenster und die Tür,
Gott segne uns alle immer wieder.
Gott segne das Haus mit Wärme und Licht,
Gott segne jeden Raum mit seinem machtvollen Arm,
Gott lege seine rechte Hand auf uns,
Gott sei mit uns an diesem bewohnten Ort.

Aus Irland

Sei unser Gott, der alle Welt
in seiner Liebe leitet,
halt deine Hand so wie ein Zelt
hoch über uns gebreitet.

Sei nah in allem, was geschieht,
und tief in allen Dingen,
sei unser Gott, der alles sieht,
und hör, was wir dir singen.

Sei überall, wo Menschen sind,
wo immer Menschen träumen,
so leise wie ein sanfter Wind,
der umgeht in den Bäumen.

Sei unser Gott, der mit uns zieht
mit seinem großen Segen,
sei unser Leben, unser Lied,
ein Licht auf allen Wegen.

Lothar Zenetti

Zeit des Lebens

Zeit des Fluchs und Zeit des Segens,
Zeit der Dürre, Zeit des Regens,
Zeit der Ernte, Zeit der Not,
Zeit für Steine, Zeit für Brot,
Zeit der Liebe, Nacht der Frage,
Stunde Wahrheit, Tag der Tage,
Zukunft, die gekommen ist,
Wort, das voll der Stille ist.

Zeit des Trostes, Zeit der Tränen,
Zeit der Schönheit, Zeit zu schämen,
Zeit des Jagens, jetzt und nimmer.
Zeit des Hoffens, einmal – immer.
Sinnvergessne Zeit zu schweigen,
niemand kennen, nirgends bleiben,
Zeit Bedrückung, Angst und Neid,
Meer von Zeit und Einsamkeit.

Wer ans Dasein sich verloren,
neuem Anfang abgeschworen,
wer nur, was er hat, erstrebt,
sterben wird er ungelebt.
Zeit des Lebens, um mit vielen
Brot und Atemzug zu teilen –
wer die Selbsterhaltung brach,
findet Leben hundertfach.

Huub Oosterhuis

Von Gott gerufen

Beim Namen hast du uns gerufen, Herr und Gott,
aus dunkler Nacht hinein ins neue Morgenrot,
mit deiner Liebe hast du uns so tief berührt,
in deine große Freiheit hast du uns geführt.

Gefordert sind wir stark in dieser Umbruchszeit,
jedoch trotz Fragen, Zweifeln,
Ängsten und auch Streit
sind wir bereit, für dein Reich einzutreten,
Zeichen zu setzen für das wahre Leben.

Dein Geist bewegt uns, stärkt uns,
macht uns alle frei,
mit seiner Kraft er für uns Trost und Antrieb sei,
damit wir mutig neue Wege wagen,
trotz Widerstand die Frohbotschaft zu sagen.

Gesegnet und gesalbt von deiner Schöpferhand
sind wir von dir erwählt, berufen und gesandt,
um geisterfüllt die Zukunft zu gestalten,
des Menschen Würde gottgewollt erhalten.

Paul Weismantel

Ich hebe meine Augen empor zu den Bergen:
woher wird Hilfe mir kommen?

Hilfe kommt mir vom Herrn,
der geschaffen hat Himmel und Erde.

Er lässt deinen Fuß nicht wanken;
der dich behütet, er schläft nicht.

Siehe, es wird nicht schlafen,
nicht ruhn, der Wache hält über Israel.

Der Herr ist dein Hüter!
Zu deiner Rechten wird der Herr dich beschützen.

Am Tag wird dich nicht versengen die Sonne,
nicht schadet dir der Mond in der Nacht.

Vor allem Übel wird der Herr dich bewahren,
der Herr behütet dein Leben.

Der Herr behütet dein Gehen und Kommen
von nun an bis in Ewigkeit.

Ps 121

Gott sei überall

Gott vor mir, Gott hinter mir,
Gott sei auf dem Weg, auf dem ich verschnaufe,
Gott über mir, Gott unter mir,
Gott sei überall, wo ich gehe,
Gott sei in der Höhe,
Gott sei im Schatten,
Gott sei im Licht,
Gott halte mich in seinem Arm,
er komme mir zur Hilfe.

Mögen Brigid und Maria und Michael
dich auf See und an Land beschützen,
jeden Schritt und jeden Weg,
auf dem du unterwegs bist.

Aus Irland

Warum nicht noch einmal

Warum nicht noch einmal leben,
den erfolgreichen Dienst hinter sich lassen,
im Jetzt sich einrichten,
gelassen nach vorne schauen
mit Gottes Segen.

Warum nicht noch einmal anfangen,
eine Leidenschaft wieder aufnehmen,
eine Freundschaft pflegen,
ein Wagnis eingehen
mit Gottes Segen.

Warum nicht noch einmal glauben
an die Verheißungen des Alters,
an Menschen und Menschenunmögliches,
an den treuen Gott
mit seinem Segen.

Dieser Segen Gottes sei mit dir.

Christiane Bundschuh-Schramm

2. Freundschaft, Beziehung, Liebe

Euch aber lasse der Herr wachsen
und immer reicher werden
in der Liebe zueinander und zu allen!

1 Thess 3,12

Alle, die Gott fürchten,
sie vertrauen dem Herrn,
er ist ihnen Hilfe und Schild.

Der Herr gedenkt unser,
er möge uns segnen.

Segen dem Hause Israel,
Segen dem Hause Aaron!

Die fürchten den Herrn,
er möge sie segnen,
Kleine und Große.

Es gebe der Herr euch Gedeihen,
euch sowie euren Kindern!

Seid gesegnet vom Herrn,
der geschaffen hat Himmel und Erde.

Ps 115,11.12a.13–15

Für einen lieben Menschen

Barmherziger und guter Gott,
segne meine Schwester, meinen Bruder
(mein Kind, meinen Freund, meine Freundin,
meinen Mann, meine Frau).
Halte deine schützende Hand über sie
und lasse sie überall deine heilende und liebende Nähe spüren.
Durchdringe sie mit deinem heiligen Geist.
Lass deinen heiligen und heilenden Geist eindringen
in alle Abgründe ihrer Seele.
Heile ihre Wunden.
Belebe, was in ihr erstarrt ist.
Befruchte in ihr, was vertrocknet ist.
Bringe sie in Berührung mit der Quelle des Segens,
die in ihr sprudelt.
Und mache sie so, wie sie ist,
zum Segen für die Menschen, denen sie begegnet.
Schenke ihr das Vertrauen, dass du ihre Wege segnest.
Geh du mit ihr ihren Weg,
damit sie ihr Weg in immer größere Lebendigkeit,
Freiheit und Liebe hineinführt.
Amen.

Anselm Grün

Du bist für mich das Licht
eines neuen Morgens
und die Sonne,
die mich durchwärmt.

Du bist die Quelle
meiner Lebendigkeit
und der Grund,
auf dem ich stehen kann.

Du bist die Luft,
die mich atmen lässt,
und das Feuer,
das meine Liebe entfacht.

Du bist das Brot,
das meine Hoffnung nährt,
und der Wein,
der mich stärkt.

Ein Segen,
dass es dich gibt,
ein Segen.

Christa Spilling-Nöker

Immer daran erinnern ...

Mögest du dich immer daran erinnern,
dass du die Dinge vergisst;
die dich traurig gemacht haben.

Mögest du niemals vergessen,
dich an die Dinge zu erinnern,
die dich glücklich gemacht haben.

Mögest du dir immer vornehmen,
die Freunde zu vergessen,
die sich als untreu erwiesen haben,
doch niemals jene,
die zu dir gestanden sind.

Mögest du dir immer bewusst machen,
dass du die überstandenen Sorgen vergessen sollst,
aber niemals die Segensworte,
die jeden Tag über dich gesprochen werden.

Mögen sich deine Wünsche erfüllen außer einem,
sodass du immer etwas hast,
wofür du ringen, wonach du streben kannst.

Möge Gott mit dir sein und dich segnen.
Mögest du deiner Kinder Kinder erleben.
Mögest du nichts als Glück erfahren
von heute an in alle Zukunft.

Mögen deine Kinder dir nacheifern,
wenn sie aber besser sind als du,
unterlasse nicht, es ihnen zu sagen.
Mögen deine Kinder sich an dir ein Beispiel
nehmen können
– mögest du ihnen immer ein Beispiel sein.

Gesundheit und ein langes Leben für euch,
Land, das ihr nicht pachten müsst
und jedes Jahr ein Kind.
Und wenn ihr nicht in den Himmel kommen könnt,
möget ihr wenigstens in Irland sterben.

Mögen Frieden und Überfluss die Ersten sein,
die die Klinke eures Hauses niederdrücken.
Glückseligkeit werde zu eurem Haus geführt
durch das Licht von Weihnachten.

Aus Irland

Großes Hochzeitsgebet

Friede für dich und Friede für dich,
alles, was gut ist und glücklich macht,
komme über euch beide;
Friede sei mit euch allen
und in der ganzen Welt.

Wenn du, dort im unzugänglichen Licht,
dieser Gott bist, wenn du uns hier hörst und siehst,
wenn wir da sind vor dir,
so nimm unsere Worte des Dankes an,
das Lied des Staunens an diesem Tag,
den du gemacht hast.

Wir, die dich niemals gesehen haben,
nichts weiter als Menschen im Vorübergehen,
wir sagen und singen deinen Namen;
mit menschlichen Worten nennen wir dich,
mit Namen aus Jahrhunderten
suchen wir dich,
o ewiger, lebendiger Gott.

Du, der du gerufen hast: »Licht«,
und das Licht wurde geboren;
der sah, dass es gut war,
das Land des Morgens, Erde und Himmel,
und alle Gewölbe des Wassers und Feuers;
der sah, dass die Bäume gut waren,
und alle Tiere sehr gut
und die Vögel vollendet;

du, der du gerufen hast: »Mensch«,
und der Mensch wurde geboren;
du, der du den Menschen sahst: trostlos und einsam;
du, der du ihn dann
männlich und weiblich geschaffen hast,
du, der du alle Wege umgebogen hast;
damit diese zwei einander fänden:
wir danken dir, dass du es so
und nicht anders gemacht hast.

Ich bitte dich, Gott, vollende und segne sie,
lass sie mehr und mehr zu Menschen werden
und lass sie leibhaftig erkennen,
dass sie berufen sind, einander
genauso gut zu sein, wie du gut bist;
dass sie mehr und mehr dem gleichen mögen,
der dein Bild ist, dein Sohn.
Jesus von Nazaret, der neue Mensch,
der uns gezeigt hat,
was Leben ist, was Liebe tut;
der ein Mensch für andere geworden ist.
Lass nichts in ihnen verloren gehen
um des heutigen Tages willen.
Halte sie im Leben, lass den Tod,
der alles trennt und leer und dunkel macht,
nicht über sie kommen.
Bewahre sie vor der langen Zeit;
dass sie nicht wanken, denn diese Welt geht vorbei,
nicht aber die Liebe, sie ist wie das Meer,
zuckend wie Feuer und stärker als der Tod.

Bewahre sie in der Liebe, schreib ihren Namen
in die Fläche deiner Hand,
schreibe sie ein in deine Hand
um ihrer Freude willen, die wir sind,
um deines Sohnes willen, des Sohnes der Menschen,
der bei dir lebt, jetzt und in Ewigkeit.

Huub Oosterhuis

Zur Ehe

Gott segne eure Ehe,
er sei bei euch
in guten und schweren Tagen,
er halte seine Hand über euch,
er mache es möglich,
dass ihr euch gegenseitig
mit den Augen der Liebe seht
und euch immer wieder
gegenseitig neu entdeckt.
Gott lasse eure Liebe wachsen und reifen.
Er halte euch in Bewegung,
damit ihr niemals stillsteht
auf eurem gemeinsamen Weg,
er zeige euch Auswege bei Schwierigkeiten
und gebe euch Mut, auch neu anzufangen.
Gott lasse euch zum Segen werden für andere,
für Kinder, Freunde, Nachbarn.
Das alle schenke euch der allmächtige Gott.

Rainer Haak

Abschied und Segen

Haltet einander fest.
Löscht den Geist nicht aus.
Macht einander nicht klein.

Denk nach. Tu Gutes.
Hab lieb.

Gespenster gibt es nicht.
Fürchte dich nicht.
Freunde aber gibt es.
Ich bin bei dir, sagt er,
ich bin bei dir,
mit meinem Geist.

Huub Oosterhuis

Miteinander um deinen Segen bitten
Gott – Quelle aller Versöhnung
auch angesichts von Konflikten
und scheinbar unvereinbaren Meinungen

Miteinander um deinen Segen bitten
Christus – Quelle aller Konfliktfähigkeit
besonders für jene
mit denen ich mich im Moment schwertue

Miteinander um deinen Segen bitten
Schwester Geist – Quelle aller Verwandlung
vertrauend durch die Kraft des Loslassens
neu zum Einlassen begeistert zu werden

So segne uns Gott, der in sich Beziehung ist
in all unseren Beziehungen
den wohltuenden und den mühsamen
jeden Tag neu

Pierre Stutz

3. Gesellschaft und Gemeinde

Ihr aber seid
ein auserwähltes Geschlecht,
eine königliche Priesterschaft,
ein heiliger Stamm,
ein zu eigen erworbenes Volk,
damit ihr die Großtaten dessen verkündet,
der euch aus der Finsternis berufen hat
in sein wunderbares Licht.

Die einst Nicht-Volk waren,
sind jetzt Gottes-Volk;
die kein Erbarmen fanden,
haben nun Erbarmen gefunden.

1 Petr 2,9–10

Segnet die, die euch verfluchen,
und betet für die, die euch verleumden.

Lk 6,28

Die Liebe sei ungeheuchelt.
Verabscheut das Böse,
haltet fest am Guten!
In Bruderliebe seid einander herzlich zugetan;
ein jeder komme dem anderen in Ehrerbietung zuvor!
Lass nicht nach im Eifer,
lasst euch vom Geist entflammen
und dient dem Herrn!
Seid fröhlich in der Hoffnung,
geduldig in der Bedrängnis,
beharrlich im Gebet!
Nehmt Anteil an den Nöten der Heiligen,
gewährt eifrig Gastfreundschaft!
Segnet, die euch verfolgen;
segnet und verflucht nicht!
Freut euch mit den Fröhlichen,
weint mit den Weinenden!
Seid eines Sinnes untereinander,
strebt nicht nach dem Hohen,
sondern lasst euch zum Geringen herab!
Haltet euch nicht selbst für weise!
Vergeltet niemandem Böses mit Bösem!
Seid allen Menschen gegenüber auf das Gute bedacht!
Soweit es möglich ist und soviel an euch liegt,
lebt mit allen Menschen in Frieden!

Röm 12,9–18

Haltet vielmehr den Herrn Christus heilig
in euren Herzen.
Seid allezeit bereit zur Antwort
einem jeden gegenüber,
der von euch Rechenschaft fordert über die Hoffnung
in euch.
Aber tut das mit Sanftmut und Ehrfurcht!

1 Petr 3,15–16a

Segen

Geht hin in Frieden, und
der Gott, der uns zum Guten geführt hat,
er möge euch jetzt behüten und stark machen,
er gebe euch, was gut für euch ist.
Es wird euch segnen
Vater, Sohn und Heiliger Geist.

Huub Oosterhuis

Segen

Geht alle hin in Frieden
auf den Platz,
an den euch Gott gestellt hat
in Verantwortlichkeit,
und er selbst wird euch segnen,
der Vater, der Sohn,
der Heilige Geist.

Huub Oosterhuis

Du wohnst doch mitten unter uns, Herr,
und dein Name ist über uns ausgerufen.
Gib uns nicht auf!

Jer 14,9bc

Der Herr gebe euch,

dass euer innerer Mensch durch seinen Geist
machtvoll erstarke,
dass Christus durch den Glauben
in euren Herzen wohne,
in Liebe eingewurzelt und festgegründet,

damit ihr fähig seid,
mit allen Heiligen die Breite und Länge,
die Höhe und Tiefe zu ermessen
und die Liebe Christi zu erkennen,
die alle Erkenntnis übersteigt.

Eph 3,16–19

Gedenke, Herr,
der Stadt, in der wir wohnen,
jeder Stadt und jeden Landes
und der Gläubigen, die darin wohnen.

Gedenke, Herr,
der Reisenden, der Kranken,
der Notleidenden und Gefangenen.

Gedenke, Herr,
derer, die Frucht bringen und Gutes tun
und sich der Armen annehmen in deinen Gemeinden.

Lass über uns kommen
den Reichtum deiner Barmherzigkeit
und lass uns mit einem Mund und einem Herzen
deinen herrlichen und hohen Namen preisen und feiern.

Vater, Sohn und Heiliger Geist,
jetzt und immerdar und von Ewigkeit zu Ewigkeit.

Johannes Chrysostomos

Lösung?

Der Gott aller Menschen segne dich
und gehe mit dir deinen Weg.
Er begleite dich,
wenn du seine Kirche verlässt,
die für dich nicht mehr Heimat sein kann,
die dir zu eng und unverständlich erscheint.

Er gehe mit dir
und segne deine Hoffnung,
neue Weite zu finden,
wie es gewagt einst Männer,
Fischer vom See Genesaret.

In Tagen des Kummers und Leids
lasse er dich Quellen des Trostes entdecken
und Menschen, die von ihm erzählen
in einer Sprache, die dir nahe ist
und dein Herz erreicht.

Das gewähre dir der Gott,
der überall wohnt,
wo Menschen Güte und Liebe leben –
und der größer ist, als wir zu ahnen vermögen:
für uns Vater,
mit uns Bruder,
in uns Heiliger Geist.
Amen.

Herbert Jung

Ich dein baum

Nicht du sollst meine probleme lösen
sondern ich deine gott der asylanten
nicht du sollst die hungrigen satt machen
sondern ich soll deine kinder behüten
vor dem terror der banken und militärs
nicht du sollst den flüchtlingen raum geben
sondern ich soll dich aufnehmen
schlecht versteckter gott der elenden

Du hast mich geträumt gott
wie ich den aufrechten gang übe
und niederknien lerne
schöner als ich jetzt bin
glücklicher als ich mich traue
freier als bei uns erlaubt

Hör nicht auf mich zu träumen gott
ich will nicht aufhören mich zu erinnern
dass ich dein baum bin
gepflanzt an den wasserbächen
des leben

Dorothee Sölle

Segenszeichen

Zeichen des Segens
kann ich empfangen,
wenn ich hellhörig
bin für die leisen
Töne und Klänge,
die Erstaunliches verheißen.

Zeichen des Segens
kann ich setzen,
wenn ich die innere
Hemmschwelle überwinde,
um ohne Vorurteile
fremdem Menschen
zu begegnen.

Zeichen des Segens
kann ich erkennen,
wenn ich sehen lerne,
wo Gott höchstpersönlich
zum Vorschein kommt,
wo seine Größe im Kleinen
sich offenbart.

Zeichen des Segens
kann ich weitergeben,
wenn ich möglichst viel
Gutes über andere denke
und erzähle, wenn ich
einfach gut bin, indem
ich Gutes tue.

Zeichen des Segens,
Segenszeichen
kann ich verteilen
jeden Morgen,
jeden Abend,
jeden Tag neu,
auch bei Nacht.

Paul Weismantel

Gib

Das Herz der Rose liebt
deinen Atem

Deine Seele liebt
ihren Atem

Gib
einen Strauß Atem
den Liebenden
einen Strauß Stunden
den Gehetzten

Einen Korb Brot
den Hungernden

Rose Ausländer

Gebet für unsere Erde

Allmächtiger Gott,
der du in der Weite des Alls gegenwärtig bist
und im kleinsten deiner Geschöpfe,
der du alles, was existiert,
mit deiner Zärtlichkeit umschließt,
gieße uns die Kraft deiner Liebe ein,
damit wir das Leben und die Schönheit hüten.

Überflute uns mit Frieden,
damit wir als Brüder und Schwestern leben
und niemandem schaden.

Gott der Armen,
hilf uns,
die Verlassenen und Vergessenen dieser Erde,
die so wertvoll sind in deinen Augen,
zu retten.

Heile unser Leben,
damit wir Beschützer der Welt sind
und nicht Räuber,
damit wir Schönheit säen
und nicht Verseuchung und Zerstörung.

Rühre die Herzen derer an,
die nur Gewinn suchen
auf Kosten der Armen und der Erde.

Lehre uns,
den Wert von allen Dingen zu entdecken
und voll Bewunderung zu betrachten;
zu erkennen, dass wir zutiefst verbunden sind
mit allen Geschöpfen
auf unserem Weg zu deinem unendlichen Licht.

Danke, dass du alle Tage bei uns bist.
Ermutige uns bitte in unserem Kampf
für Gerechtigkeit, Liebe und Frieden.

Papst Franziskus

4. Dank und Freude

Fürwahr, du bist mir ein Helfer geworden,
jubeln darf ich in deiner Fittiche Hut.

Ps 63,8

Täglich zu singen

Ich danke Gott, und freue mich
wie's Kind zur Weihnachtsgabe,
dass ich bin, bin! Und dass ich dich,
schön menschlich Antlitz habe!

Dass ich die Sonne, Berg und Meer,
und Laub und Gras kann sehen,
und abends unterm Sternenheer
und lieben Monde gehen;

Und dass mir denn zumute ist,
als wenn wir Kinder kamen,
und sahen, was der heil'ge Christ
bescheret hatte, amen!

Ich danke Gott mit Saitenspiel,
dass ich kein König worden;
ich wär geschmeichelt worden viel,
und wäre vielleicht verdorben.

Auch bet ich ihn von Herzen an,
dass ich auf dieser Erde
nicht bin ein großer reicher Mann,
und auch wohl keiner werde.

Denn Ehr und Reichtum treibt und bläht,
hat mancherlei Gefahren,
und vielen hat's das Herz verdreht,
die weiland wacker waren.

Und all das Geld und all das Gut
gewährt zwar viele Sachen;
Gesundheit, Schlaf und guten Mut
kann's aber doch nicht machen.

Und die sind dich, bei Ja und Nein!
Ein rechter Lohn und Segen!
Drum will ich mich nicht groß kastein
des vielen Geldes wegen.

Gott gebe mir nur jeden Tag,
soviel ich darf zum Leben.
Er gibt's dem Sperling auf dem Dach,
wie sollt er's mir nicht geben!

Matthias Claudius

Führen und leiten

Im Übrigen meine ich
Möge uns der Herr weiterhin
Zu den Brunnen des Erbarmens führen
Zu den Gärten der Geduld
Und uns mit Großzügigkeitsgirlanden
Schmücken
Er möge uns weiterhin lehren
Das Kreuz als Krone zu tragen
Und darin nicht unsicher zu werden
Soll doch seine Liebe unsere Liebe sein
Er möge wie es auskommt in unser Herz eindringen
Um uns mit seinen Gedankengängen
Zu erfrischen
Uns auf Wege zu führen
Die wir bisher nicht betreten haben
Aus Angst und Unwissenheit darüber
Dass der Herr uns nämlich aufrechten Ganges
Fröhlich sehen will
Weil wir es dürfen
Und nicht nur dürfen sondern auch müssen
Wir müssen endlich damit beginnen
Das Zaghafte und Unterwürfige abzuschütteln
Denn wir sind Kinder Gottes: Gottes Kinder!
Und jeder soll es sehen und ganz erstaunt sein
Das Gottes Kinder so leicht und fröhlich sein können
Und sagen: Donnerwetter
Jeder soll es sehen und jeder soll nach Hause laufen
Und sagen: er habe Gottes Kinder gesehen
Und die seien ungebrochen freundlich

Und heiter gewesen
Weil die Zukunft Jesus heiße
Und weil die Liebe alles überwindet
Und Himmel und Erde eins wären
Und Leben und Tod sich vermählen
Und der Mensch ein neuer Mensch werde
Durch Jesus Christus

Hanns Dieter Hüsch

Schenke mir eine gute Verdauung, Herr,
und auch etwas zum Verdauen.
Schenke mir Gesundheit des Leibes,
mit dem nötigen Sinn dafür,
ihn möglichst gut zu erhalten.
Schenke mir eine heilige Seele, Herr,
die das im Auge behält, was gut und rein ist,
damit sie im Anblick der Sünde nicht erschrecke, sondern
das Mittel finde, die Dinge wieder in Ordnung zu bringen.
Schenke mir eine Seele, der die Langeweile fremd ist,
die kein Murren kennt und kein Seufzen und Klagen,
und lass nicht zu, dass ich mir allzu viel Sorgen mache
um dieses sich breit machende Etwas, das sich »Ich« nennt.
Herr, schenke mir Sinn für Humor, gib mir die Gnade,
damit ich ein wenig Glück kenne im Leben
und anderen davon mitteile.

Thomas Morus

Segen der Freude

Gesegnet sollst du sein
mit dem großen Glück,
dich freuen zu können
und andere Menschen
zu erfreuen mit dem,
was dich im Herzen erfreut.

Gesegnet sollst du sein
Mit der reichen Gnade,
die bunten Farben der Freude
im Grau des Alltags zu
entdecken und andere
darauf hinzuweisen,
ohne aufdringlich zu sein.

Gesegnet sollst du sein
mit der großen Begabung,
mit der Heilkraft der Freude
im eigenen Herzen andere
zu bereichern, sie damit
zu berühren, damit sie dafür
aufmerksamer werden.

Gesegnet sollst du sein
mit der großen Kunst,
eigenes Glück in der Freude
eines anderen zu finden oder
die eigene Freude auch
vom Frohsinn anderer
nähren zu lassen.

Paul Weismantel

Zeitansage

Es kommt eine zeit
da wird man den sommer gottes kommen sehen
die waffenhändler machen bankrott
die autos füllen die schrotthalden
und wir pflanzen jede einen baum

Es kommt eine zeit
da haben alle genug zu tun
und bauen die gärten chemiefrei wieder auf
in den arbeitsämtern wirst du
ältere leute summen und pfeifen hören

Es kommt eine zeit
da werden wir viel zu lachen haben
und gott wenig zum weinen
die engel spielen klarinette
und die frösche quaken die halbe nacht

Und weil wir nicht wissen
wann sie beginnt
helfen wir jetzt schon
allen engeln und fröschen
beim lobe gottes

Dorothee Sölle

Lied nach der Genesung

Jeder Hauch von meinem Leben,
Vater, ist Geschenk von dir:
Jeder Odem, mir gegeben,
Fordert Freud' und Dank von mir.

Für die neugeschenkten Kräfte
Sei mein Herz voll Dankbarkeit:
Jedem nützlichen Geschäfte
Sei'n aufs neue sie geweiht.

Gib mir Weisheit, scharf zu zählen
Meiner schnellen Tage Zahl:
Was mich würd' im Tode quälen,
Sei mir jetzt schon Seelenqual.

Herr, dir flehen Herz und Hände
Innigst kindlich jeden Tag:
Dass mich laut mein nahes Ende
Lehre jeder Glockenschlag.

Gib mir neue Kraft und Freude
Deinen Willen treu zu tun;
Frohe Hoffnung, wann ich leide,
Bald vom Leiden auszuruhn.

Johann Michael Sailer

5. Zweifel und Hoffnung

Der Gott unseres Herrn Jesus Christus,
der Vater der Herrlichkeit,
verleihe euch den Geist der Weisheit und Offenbarung,
damit ihr ihn erkennt;
er erleuchte die Augen eures Herzens,
damit ihr begreift,
was die Hoffnung seines Rufes ist!

Eph 1,17–18

Sing, bet und geh auf Gottes Wegen,
verricht das Deine nur getreu
und trau des Himmels reichem Segen,
so wird er bei dir werden neu;
denn welcher seine Zuversicht
auf Gott setzt, den verlässt er nicht.

Georg Neumark

Gebet zu ersten mose 32 vers 23 bis 33

Jede von uns hat einen engel
lass uns ihn erkennen
auch wenn er als blutgieriger dämon kommt
jeder von uns hat einen engel
der auf uns wartet
lass uns nicht vorbeirasen am jabbok
und die furt versäumen

Auf uns wartet ein engel

Jeder von uns kämpft mit gott
lass uns dazu stehen
auch wenn wir geschlagen werden
und verrenkt
jede von uns kämpft um gott
der darauf wartet
gebraucht zu werden

Auf uns wartet ein kampf

Jede von uns wird gesegnet
lass uns daran glauben
auch wenn wir aufgeben wollen
gib uns die dreistigkeit mehr zu verlangen
mach uns hungrig nach dir
lehr uns beten ich lass dich nicht
das kann doch nicht alles sein

Auf uns wartet ein segen

Jeder von uns hat einen geheimen namen
er ist in gottes hände geschrieben
die uns lieben lesen ihn
eines tages wird man uns nennen
land der versöhnung
bank die ihren schuldnern vergibt
brunnenbauerin in der wüste

Auf uns wartet gottes name

Dorothee Sölle

Bewahre mich vor dem naiven Glauben,
es müsste im Leben alles glatt gehen.

Schenke mir die nüchterne Erkenntnis,
dass Schwierigkeiten, Niederlagen,
eine selbstverständliche Zugabe zum Leben sind,
durch die wir wachsen und reifen.

Antoine de Saint-Exupéry

Manchmal kennen wir Gottes Willen,
manchmal kennen wir nichts.
Erleuchte uns, Herr, wenn die Fragen kommen.

Manchmal sehen wir Gottes Zukunft,
manchmal sehen wir nichts.
Bewahre uns, Herr, wenn die Zweifel kommen.

Manchmal spüren wir Gottes Liebe,
manchmal spüren wir nichts.
Begleite uns, Herr, wenn die Ängste kommen.

Manchmal wirken wir Gottes Frieden,
manchmal wirken wir nichts.
Erwecke uns, Herr, dass dein Friede kommt.

Kurt Marti / Arnim Juhre

Jesus Christus, wenn wir denken,
dass wir allein sind, bist du da.
Regt sich in uns ein Zweifel,
liebst du uns deshalb nicht weniger.
Christus, wir möchten es wagen,
um deinetwillen Risiken einzugehen.
Wir hören auf dein Wort:
»Wer sein Leben aus Liebe hingibt,
wird es wiederfinden.«

Frère Roger

Erbarme dich
Herr
meiner Leere

Schenk mir
das Wort
das eine Welt
erschafft

Rose Ausländer

Verehrter Gott
Gib mir ein Zeichen
dass gar nichts
ohne dich geschieht

Ich möchte
einem Sternenbild gleichen
das sanft
mir leuchtet
wie ein Lied

Rose Ausländer

Segne uns, Jesus Christus,
du kommst und linderst unseren Schmerz,
wenn das Unbegreifliche geschieht,
wenn unschuldige Menschen leiden.

Frère Roger

Möchtest du mich doch segnen!
Möchte deine Hand mit mir sein
und möchtest du das Unglück fernhalten,
sodass ich ohne Schmerzen bin!

1 Chr 4,10

Segnung einer Kranken

Im Namen von allen,
mit denen du gelebt hast
in Dunkel und Licht,
in guten und schlechten Tagen,
segne ich dich
und danke dir
für das, was du geworden bist,
dieser Mensch.

Ich ehre und achte
und segne deinen Körper,
der schön war und
staunenswert, einzigartig,
so klein und nichtig,
so groß, wie du bist –

deine Füße, mit denen du gegangen bist
auf andere zu,

deine Hände, mit denen du getan hast,
was zu tun war,

deine Ohren, mit denen du Menschen gehört,

deine Augen, mit denen du Ausschau gehalten,
gestrahlt und gesehen hast.

Deine Lippen segne ich
für all die guten Worte,
die du gesprochen hast.

Möge dich begleiten
all das Gute, das du getan hast.
Möge es mit dir gehen
in das Unbekannte.
Mögest du ankommen
in jenem guten weiten Land,
das uns versprochen ist.

Dass der Abgrund
dich nicht verschlinge –
dass du Ruhe und Frieden finden mögest
unter seinen Augen.

Wir legen auf dich
den Namen dieses Einen,
von dem geschrieben steht,
dass er erbarmend und gnädig ist,
reich an Freundschaft und Treue.
Möge sein Angesicht
über dir leuchten.

Huub Oosterhuis

Krankensegen

Der Herr des Lebens segne dich
und heile dich.
In deiner Krankheit stehe er dir bei.
Er richte dich auf,
und – wenn die Zeit dafür reif ist –
lasse er deinen Leib gesunden.

Deiner Seele schenke er Vertrauen und Ruhe.
Er gebe dir, wenn du es brauchst,
den Mut, auszuruhen von der Unruhe des Lebens,
so lange, wie es dir gut tut.

Er gebe dir zur rechten Zeit
die Kraft, wieder aufzustehen
und dich dem Leben zuzuwenden,
das dir vielleicht zu hart erschien.

Er lasse dich die Wurzel
und den Sinn deiner Krankheit sehen
und helfe dir, ihre Botschaft zu erkennen.

Er gebe dir ein gutes Gefühl für dich selbst,
dass du rechtzeitig spürst,
was dir an die Nieren geht,
was dir auf den Magen schlägt
oder den Atem nimmt.

Denn er liebt nicht deine Not,
sondern dein Wohlergehen.

Das gewähre dir der Gott,
der das Leben geschaffen
und dessen Sohn die Kranken geheilt hat:
Ja, er segne dich.
Amen.

Herbert Jung

O Herr, du weißt besser als ich, dass ich von Tag
zu Tag älter und eines Tages alt sein werde.

Bewahre mich vor der Einbildung,
bei jeder Gelegenheit und zu jedem Thema
etwas sagen zu müssen.

Erlöse mich von der großen Leidenschaft,
die Angelegenheiten anderer ordnen zu wollen.

Lehre mich, nachdenklich – aber nicht grüblerisch,
hilfreich – aber nicht diktatorisch – zu sein.

Bewahre mich vor der Aufzählung endloser
Einzelheiten und verleihe mir Schwingen,
zur Pointe zu gelangen.

Lehre mich Schweigen über meine Krankheiten
und Beschwerden. Sie nehmen zu,
und die Lust, sie zu beschreiben,
wächst von Jahr zu Jahr.

Ich wage nicht, die Gabe zu erflehen,
mir die Krankheitsschilderungen anderer
mit Freude anzuhören, aber lehre mich,
sie geduldig zu ertragen.

Lehre mich die wunderbare Weisheit,
dass ich mich irren kann.

Erhalte mich so liebenswert wie möglich.

Lehre mich, an anderen Menschen unerwartete Talente zu entdecken, und verleihe mir o Herr, die schöne Gabe, sie auch zu erwähnen.

Teresa von Avila

6. Im Sterben

Vater, in deine Hände lege ich meinen Geist!

Lk 23,46

Wenn ich einmal soll scheiden,
so scheide nicht von mir,
wenn ich den Tod soll leiden,
so tritt du dann herfür;
wenn mir am allerbängsten
wird um das Herze sein,
so reiß mich aus den Ängsten
kraft deiner Angst und Pein.

Paul Gerhardt

Der Segen der Erde,
der guten, reichen Erde,
sei für dich bereit.
Weich sei die Erde,
müde, am Ende des Tages.
Und leicht ruhe die Erde auf dir,
am Ende deines Lebens,
dass du sie am Ende leicht
abschütteln kannst
und auf und davon gehen
auf deinem Weg zu Gott.

Aus Irland

Gewiss ist,
dass wir immer in der Nähe
und unter der Gegenwart Gottes
leben dürfen
und dass dieses Leben
für uns ein ganz neues Leben ist;
dass es für uns nichts Unmögliches mehr gibt,
weil es für Gott nichts Unmögliches gibt (...).
Gewiss ist,
dass wir nichts zu beanspruchen haben
und doch alles erbitten dürfen;
gewiss ist,
dass im Leiden unsre Freude,
im Sterben unser Leben
verborgen ist;
gewiss ist,
dass wir in dem allen
in einer Gemeinschaft stehen,
die uns trägt.
Zu all dem hat Gott
in Jesus Ja und Amen gesagt.
Dieses Ja und Amen
ist der feste Boden
auf dem wir stehen.

Dietrich Bonhoeffer

Abschied vom Leben

Der Herr segne dich und behüte dich –
er begleite dich in sein grenzenloses Land,
das denen versprochen ist, die ihm vertrauen.

Er sei dein Trost und dein Ziel,
wenn dein Wunsch zu leben
sich an der dunklen Grenze des Todes stößt –
er gebe dir das hoffende Vertrauen:
Du kannst dich fallen lassen
in seine sanften Hände.
Er mache dir den Abschied leicht.

Sein Wort sei dein Halt,
wenn du keinen Boden mehr spürst,
der dich trägt.
Er schenke dir die Gewissheit,
dass ein neues Ufer wartet,
an dem er dir entgegenkommt,
Jahwe doch sein Name, Gott-mit-dir.

Er schicke dir seinen Engel,
sein reines Licht, das dich geleitet
in das Reich ohne Raum und Zeit,
wenn dein Leib das Ende seines Weges erreicht
und deine Seele sich dem Tor nähert,
das Tote und Lebende voneinander trennt.

Das gewähre dir der Gott,
der Grenzen setzt und Grenzen sprengt.
Amen.

Herbert Jung

Ich bin gewiss,
dass ich schaue die Güte des Herrn
im Lande der Lebenden.
So harre des Herrn und sei stark!
Sei tapferen Mutes und harre des Herrn!

Ps 27,14

Weder Tod noch Leben,
weder Engel noch Mächte,
weder Gegenwärtiges noch Zukünftiges,
weder Kräfte,
weder Höhe noch Tiefe,
noch irgendeine andere Kreatur
können uns scheiden von der Liebe Gottes,
die in Christus Jesus ist, unserem Herrn.

Röm 8,38–39

7. Trauer und Trost

Wie einen seine Mutter tröstet,
will ich euch trösten.

Jes 66,13

Gib mir von Zeit zu Zeit deinen Trost,
aber lass mich nicht darin ruhen
und bewahre mich vor Ungeduld und Mutlosigkeit,
wenn er mir wieder genommen ist.

John Henry Newman

Segne der Leidbedrückten tiefgebeugten Sinn (Mut),
Der tiefen Seelen schwere Einsamkeit,
Das unruhvolle Sein der Menschen
Und Leid, das eine Seele keiner Schwesterseele je vertraut.

Und jenen Zug der nächt'gen Schwärmer segne,
Die unbekannter Wege Spuk nicht scheuen.
Die Not der Menschen segne, die zur Stunde sterben.
Gib ihnen, guter Gott, ein friedlich, selig End.

Segne die Herzen all, die trüben, Herr, vor allen
Den Kranken Lind'rung gib; Gequälten Frieden,
Die ihre Lieb' zu Grabe trugen, lehr' vergessen.
Lass auf der ganzen Erd kein Herz in Sündenpein.

Segne die Frohen, Herr. In Deiner Hut bewahr' sie.
Von mir nahmst Du noch nie der Trauer Kleid.
Es lastet manchmal schwer auf meinen müden Schultern.
Doch gibst Du Kraft, so trag' ich's büßend bis ans Grab.

Dann segne meinen Schlaf, den Schlaf von allen Toten.
Gedenke, was Dein Sohn in Todesangst für mich litt.
Dein groß Barmherzigsein für alle Menschennöte
Gibt allen Toten Ruh' in Deinem ew'gen Frieden.

Edith Stein

Abgrundtief

Der Herr segne dich
und stehe dir bei in deiner Not.
Er überlasse dich nicht
dem Abgrund der Hoffnungslosigkeit,
an dessen Rand deine Füße stehen.
Er sei dein Schutz und dein Halt,
wenn du die Enge der Verzweiflung spürst.

Er halte seine sanften Hände über dir,
der Hüter Israels und aller,
die ihm vertrauen.
Er führe dich durch den Tunnel
der Dunkelheit
ins Licht neuer Hoffnung.

Deinen wankenden Fuß,
der nicht weiß,
ob es nächste Schritte gibt,
lasse er wieder guten Boden spüren –
so wie in der Mitte der Nacht
der neue Tag beginnt.

Er lenke deinen Blick auf die Weite
des Himmels,
die uns ahnen lässt seine Größe und Weisheit
und die Vielzahl seiner Wege.
Sie wollen uns in die Freiheit führen
und in den Trost.

Das gewähre dir unser Gott
und Jesus, der Sohn,
dessen Kreuz Ausweglosigkeit hieß
und den der Vater zum Leben befreite:
zum Bruder aller Menschen,
im Geist des Lebens und der Liebe.
Amen.

Herbert Jung

Bewahre uns, Gott, behüte uns, Gott,
sei mit uns auf unsern Wegen.
Sei Quelle und Brot in Wüstennot,
sei um uns mit deinem Segen.

Bewahre uns Gott, behüte uns, Gott,
sei mit uns in allem Leiden.
Voll Wärme und Licht im Angesicht,
sei nahe in schweren Zeiten.

Eugen Eckert

Abschiedssegen
für eine Freundin – einen Freund

Liebe Freundin und Schwester
Lieber Freund und Bruder
Gott unser Herr über Anfang und Ende
Gestern heute und morgen
Möge dir auf deiner großen Reise in die
Zukunft stets nahe sein
So sehr wir dich vermissen werden
Genau so wissen wir aber auch
Dass in den neuen Gegenden Gottes
In denen du nun leben und arbeiten wirst
Deine Güte dein Humor und deine
Sprache willkommen sein wird
Möge der Herr Krankheit und Gewalt von
Dir fern halten
Deine Gabe Feinde in Freunde zu
Verwandeln weiterhin segnen
Und dich in deiner Sanftmut bestärken
Möge er uns noch oft an deine
Freundlichkeit
Und deine Geduld erinnern
Und uns allen ein fröhliches Wiedersehen
Bescheren.

Hanns Dieter Hüsch

Bibelstellenverzeichnis

Stichwortverzeichnis

Quellen

Rose Ausländer:

Sabbat III (S. 10), Erhöre meine Bitte (S. 43), Gib (S. 138), Erbarme dich Herr (S. 157), Verehrter Gott (S. 158), aus: Dies., Und preise die kühlende Liebe der Luft. Gedichte 1983–1987, © S. Fischer Verlag GmbH, Frankfurt am Main 1988.

Die Himmelsdinge lieben (S. 75), aus: Dies., Die Sichel mäht die Zeit zu Heu. Gedichte 1957–1965, © S. Fischer Verlag GmbH, Frankfurt am Main 1985.

Dietrich Bonhoeffer:

Gewiss ist, dass wir immer in der Nähe (S. 170), aus: Eberhard Bethge (Hg.), Dietrich Bonhoeffer – Widerstand und Ergebung. Briefe und Aufzeichnungen aus der Haft, © [14]1990, Gütersloher Verlagshaus, Gütersloh, in der Verlagsgruppe Random House GmbH.

Roland Breitenbach:

Adventlicher Segen (S. 48), aus: Ders., Mehr als die alte Leier. Neue Psalmen für Gottesdienst und Gemeinde, © Matthias Grünewald Verlag der Schwabenverlag AG, Ostfildern 2009, www.verlagsgruppe-patmos.de.

Christiane Bundschuh-Schramm:

Weihnachtssegen (S. 50), Segen zum Abitur (S. 103), Warum nicht noch einmal (S. 112), aus: Dies., Segen wird es geben. 52 Wünsche durch das Jahr (Topos Taschenbücher, Band 676), © Matthias Grünewald Verlag der Schwabenverlag AG, Ostfildern 2008, www.verlagsgruppe-patmos.de.

Barbara Cratzius:

Immer noch gibt es Augenblicke (S. 16), aus: Hrsg. Martin Schmeisser: Jeden Augenblick segnen, Verlag am Eschbach der Schwabenverlag AG, Eschbach/Markgrld. 2008, © Hartmut Cratzius.

Eugen Eckert:

Bewahre uns, Gott (S. 179), aus: Gotteslob 2013, Nr. 453, © Strube Verlag, München.

Papst Franziskus:

Gebet für unsere Erde (S. 139–140), aus: Ders., Laudato si: Die Umwelt-Enzyklika des Papstes,
© Libreria Editrice Vaticana, © Verlag Herder GmbH, Freiburg im Breisgau 2015.

Gesang aus Taizé:

Spiritus Jesu Christe (Nr. 78), aus: Chants de Taizé,
© Ateliers et Presses de Taizé, 71250 Taizé, Frankreich.

Anselm Grün:

Für dich selbst (S. 20–21), Am Morgen (S. 30), Bei Tisch (S. 34), Am Abend (S. 41), Für einen lieben Menschen (S. 115), aus: Ders., Du bist ein Segen, © Vier-Türme GmbH, Verlag, Münsterschwarzach 2004.

Geschenkte Zeit (S. 58), aus: Ulrich Sander (Hg.), In heiliger Nacht, Weihnachtliche Worte und Weisen, © Verlag Herder GmbH, Freiburg im Breisgau 2008.

Rainer Haak:

Zur Ehe (S. 122), aus: Ders., Dir neu begegnen. Gebete und Segensworte, Verlag Herder, Freiburg im Breisgau 2004, © beim Autor.

Hanns Dieter Hüsch:

Mein Psalm zum Segen (S. 37), In die Arme nehmen (S. 67), Segen für Allewelt (S. 85–86), Führen und leiten (S. 144–145), Abschiedssegen für eine Freundin – einen Freund (S. 180), aus: Hanns Dieter Hüsch / Michael Blum, Das kleine Buch zum Segen, 2013/12, © tvd-Verlag Düsseldorf, 1998.

Walter Jens:

Leucht uns entgegen (S. 66), aus: Evangelisches Gesangbuch, Ausgabe für Württemberg.
© bei der Rechtsnachfolge

Herbert Jung:

Schuld-Vergebung (S. 69), Unterwegs zum Himmel (S. 87), Lösung? (S. 134), Krankensegen (S. 163–164), Abschied vom Leben (S. 171), Abgrundtief (S. 177–178), aus: Das große Buch der Segensgebete, © Verlag Herder GmbH, Freiburg im Breisgau 2013.

Jochen Klepper:

Der Tag ist seiner Höhe nah (S. 32), aus: Evangelisches Gesangbuch, Nr. 457.

Kurt Marti / Arnim Juhre:

Manchmal kennen wir Gottes Willen (S. 155), aus: Gotteslob 1975, Nr. 299, © bei den Autoren.

Huub Oosterhuis:

Halt mich im Leben (S. 64–65), Möchte wahr sein (S. 70), Zeit des Lebens (S. 108), Großes Hochzeitsgebet (S. 119–121), Abschied und Segen (S. 123), Segen (S. 129), Segen (S. 130), Segnung einer Kranken (S. 161–162), aus: Ders., Das Huub-Oosterhuis-Gottesdienstbuch,
© Verlag Herder GmbH, Freiburg im Breisgau 2013.

Frère Roger:

Jesus Christus, lass uns (S. 24), Jesus, unsere Zuversicht (S. 74), Auferstandener Jesus, manchmal rufen wir (S. 80), Gott aller Barmherzigkeit (S. 82), Lebendiger Gott, wir preisen dich (S. 90), Auferstandener Jesus, du nimmst die Menschen (S. 91), Jesus Christus, wenn wir denken (S. 156), Segne uns, Jesus Christus (S. 159), © Ateliers et Presses de Taizé, 71250 Taizé, Frankreich.

Antoine de Saint-Exupéry:

Mitnichten ist der Baum (S. 98), Bewahre mich (S. 154), aus: Ders., Die Stadt in der Wüste, © Karl Rauch Verlag, Düsseldorf 1956, Neue Ausgabe 2009.

Dorothee Sölle:

Du sollst dich selbst unterbrechen (S. 9), aus: Dorothee Sölle / Luise Schottroff, Den Himmel erden, Deutscher Taschenbuch Verlag, München 1996, © bei der Rechtsnachfolge.

Sieben wünsche für eine konfirmandin (S. 101), Ich dein baum (S. 135), Zeitansage (S. 148), Gebet zu ersten mose 32 vers 23 bis 33 (S. 152–153), aus: Ursula Baltz-Otto / Fulbert Steffensky (Hg.), Dorothee Sölle – Gesammelte Werke. Band 8: Das Brot der Ermutigung, Verlag Kreuz GmbH, Stuttgart 2008, © Wolfgang Fietkau Verlag, Kleinmachnow.

Christa Spilling-Nöker:

Segne, mein Gott (S. 11), Gott sei mit dir (S. 39), Es segne dich der barmherzige (S. 51),
Du bist für mich das Licht (S. 116), aus: Hrsg. Martin Schmeisser: Jeden Augenblick segnen, © 2008 Verlag am

Eschbach der Schwabenverlag AG, Eschbach/Markgrld. 2. Auflage, www.verlag-am-eschbach.de.

Edith Stein:

Ohne Vorbehalt und ohne Sorgen (S. 23), Gold, Weihrauch und Myrrhe (S. 55), Dies ist die Gnade (S. 73), Herz Jesu (S. 81), Segne der Leidbedrückten (S. 176), aus: Edith Stein Gesamtausgabe. Geistliche Texte II. Band 20, Verlag Herder GmbH, Freiburg im Breisgau 2007.

Pierre Stutz:

Gesegnet bist du vor all deinem Tun (S. 17), Inmitten engagierten Betens (S. 18), Gesegnet seist du (S. 104), Miteinander um deinen Segen bitten (S. 124), aus: Hrsg. Martin Schmeisser: Jeden Augenblick segnen, © 2008 Verlag am Eschbach der Schwabenverlag AG, Eschbach/Markgrld. 2. Auflage, www.verlag-am-eschbach.de.

Gesegnet im Neuen Jahr (S. 59), aus: Ders., Unserer Sehnsucht folgen. Ein Begleiter für die weihnachtliche Zeit, © Verlag Herder GmbH, Freiburg im Breisgau 2014.

Katja Süss:

ruach göttlicher atem (S. 40), aus: Hrsg. Martin Schmeisser: Jeden Augenblick segnen,
© 2008 Verlag am Eschbach der Schwabenverlag AG, Eschbach/Markgrld. 2. Auflage,
www.verlag-am-eschbach.de.

Paul Weismantel:

In guten und in bösen Tagen (S. 29), Segen sei mit dir (S. 53–54), Segen wirke (S. 62–63), Den Wettersegen beten (S. 83–84), Von Gott gerufen (S. 109), Segenszeichen (S. 136–137), Segen der Freude (S. 147), aus: Ders., Segensgebete für das Jahr – für das Leben, © Verlag Katholisches Bibelwerk GmbH, Stuttgart 2012.

Lothar Zenetti:

Sei unser Gott (S. 107), aus: Ders., Die wunderbare Zeitvermehrung, Sankt Ulrich Verlag / Wewel Augsburg, © Paulinus Verlag GmbH, Trier

In wenigen Fällen ist es uns trotz großer Mühen nicht gelungen, alle Inhaber von Urheberrechten und Leistungsschutzrechten zu ermitteln. Da berechtigte Ansprüche selbstverständlich abgegolten werden, ist der Verlag für Hinweise dankbar.